MÉMOIRE SUR LE SERVICE

DE

SURETÉ STRATÉGIQUE

DE

LA CAVALERIE

EN VENTE A LA MÊME LIBRAIRIE

PUBLICATIONS DE LA RÉUNION DES OFFICIERS

RÉUNION DES OFFICIERS D'ALGER

MÉMOIRE SUR LE SERVICE

DE

SURETÉ STRATÉGIQUE

DE

LA CAVALERIE

CONFÉRENCE

FAITE LE 3 MAI 1874

PAR MAXIME CHERFILS

CAPITAINE D'ÉTAT-MAJOR

> « La cavalerie est l'œil de l'armée. »
> DE BRACK.

PARIS

CH. TANERA, ÉDITEUR

LIBRAIRIE POUR L'ART MILITAIRE ET LES SCIENCES

Rue de Savoie, 6

1874

MÉMOIRE SUR LE SERVICE

DE

SURETÉ STRATÉGIQUE

DE

LA CAVALERIE

I

INTRODUCTION

De tous temps les armées ont senti le besoin d'éclairer leur marche.

Les longues colonnes d'une armée composée en grande partie d'hommes à pied, traînant à leur suite un matériel considérable, constituent une masse pesante difficile à mouvoir et à manœuvrer.

Il importe donc qu'une armée ne soit jamais surprise dans cette situation critique.

Pour cela, il lui faut un organe de tact qui, au loin, l'avertisse du danger et guide sa marche d'après la configuration du terrain et la situation de l'ennemi.

Cet organe de tact sera une troupe aussi mobile que possible, lancée en avant de l'armée, formant autour d'elle comme une atmosphère de sûreté. La cavalerie, et surtout la cavalerie légère, possède seule assez de mobilité pour remplir ce rôle.

Dans toutes les guerres la cavalerie a eu cette mission ; dans tous les traités on retrouve l'indication générale des obligations que lui impose la sûreté de l'armée.

Nous pouvons citer ici les lignes que Napoléon a écrites au sujet du général Steingel, et qui sont comme le portrait idéal de l'officier d'avant-garde.

« Les défilés, les gués avaient été reconnus; des guides étaient « assurés; le curé, le maître de poste, avaient été interrogés; des « intelligences étaient déjà liées avec les habitants; des espions « étaient envoyés dans plusieurs directions; les lettres de la poste « saisies, et celles qui pouvaient donner des renseignements militaires « traduites et analysées; toutes les mesures étaient prises pour for- « mer des magasins de subsistances pour rafraîchir la troupe. »

Mais nulle part nous ne trouvons des règles précises qui fixent ce service de sûreté stratégique.

Aujourd'hui que les armées deviennent plus nombreuses et plus lourdes, que le réseau des voies de communication devient plus étendu et que les chemins de fer apportent dans les opérations une rapidité jusqu'alors inconnue, il importe de se préoccuper plus que jamais du soin de couvrir ces grandes masses à grande distance pour leur éviter les dangers d'une surprise.

On peut établir, *à priori*, qu'une cavalerie indépendante de la cavalerie divisionnaire est nécessaire pour ce service.

Les brigades de cavalerie attachées aux divers corps d'armée ont déjà leur rôle particulier auprès des divisions.

Elles entrent dans la formation particulière des avant-gardes des corps d'armée. Lorsque ceux-ci campent ou bivouaquent, elles apportent leur contingent, indispensable pour la sûreté du réseau des avant-postes. D'ailleurs, le plus souvent, une brigade serait insuffisante pour couvrir le front de l'armée, et si on lui adjoignait les brigades des autres corps, ce serait détruire le principe de la cavalerie divisionnaire.

Il faut donc une cavalerie indépendante. Quelle doit être sa force et comment convient-il d'organiser son service?

Tel est le problème qui se dresse devant nous et s'impose à notre étude.

Nous chercherons d'abord dans l'histoire l'inspiration des leçons de l'expérience, puis nous essayerons de définir les conditions normales de la question pour en déduire les bases d'une solution.

II

APERÇU HISTORIQUE

Dans les guerres de Napoléon nous voyons la cavalerie réunie en grandes masses, en divisions et même en corps d'armée.

Ces masses, lancées comme un ouragan sur le champ de bataille, étaient destinées à compléter le succès, à décider même de la victoire, comme à Austerlitz, à Eckmühl, à Wagram.

Mais leur rôle ne se bornait pas à l'action sur le champ de bataille, et, dans les marches stratégiques, nous les voyons couvrir l'armée.

En 1805, par exemple, dans la marche d'Ulm à Vienne, à la poursuite de Kutusoff, qui se retirait derrière les lignes successives du Lech, de l'Isar, de l'Inn, de la Traun et de l'Enns, les corps d'armée marchent sur un faisceau de deux, trois ou quatre routes, présentant un front stratégique de 30 à 50 kilomètres, et couverts à une journée de marche en avant par la cavalerie aux ordres de Murat.

Sur chaque route se trouve un ou deux corps d'armée. Deux corps en arrière, ceux de Marmont et de Bernadotte, constituent comme une deuxième ligne ayant ses têtes de colonne à une journée de marche en arrière de la première ligne.

La cavalerie de Murat couvre cette lourde masse de 180,000 hommes, éclaire les cours des affluents de la rive droite du Danube, rétablit les ponts que l'ennemi avait détruits, et, lorsque l'arrière-garde de Kutusoff s'arrête derrière les lignes de défense naturelles de ces affluents pour s'opposer à la marche de nos colonnes, c'est la cavalerie qui supporte le premier choc et permet aux corps en première ligne de se déployer.

Tel est son rôle aux combats de Lambach sur la Traun, de Steyer sur l'Enns, et d'Amstetten sur l'Ips.

C'est encore la cavalerie qui reconnaît les ponts de Vienne, les surprend et rachète ainsi la faute qu'elle a commise, en laissant Kutusoff lui échapper au pont de Krems.

Dans les temps plus récents, étudions l'usage que la Prusse, qui, mieux que nous, a su profiter des leçons de nos anciennes victoires, a fait de sa cavalerie sur sa ligne d'opération.

Prenons, par exemple, la marche de la 3ᵉ armée de la Saar à la Moselle.

Après la bataille de Reischoffen, la 3ᵉ armée (1) s'avance à travers les Vosges, mais prudemment, ignorant si les défilés étaient gardés.

La division de cavalerie reste en arrière; ses longues colonnes en file sur des chemins étroits n'auraient été qu'un embarras et un danger si on l'avait mise en avant dans un pays aussi peu propre à son action. Au sortir des Vosges, l'armée, que les difficultés du passage avait forcée à s'étendre sur un front considérable de 40 à 50 kilomètres, se resserre bientôt en se portant sur la Saar.

Le 11 août, la division de cavalerie avait été envoyée à Heming en avant de Sarrebourg, pour reconnaître la rive gauche de la Saar et couvrir la concentration des colonnes. Un escadron avait envoyé des patrouilles jusqu'aux portes de Lunéville.

---

(1)   COMPOSITION DE LA 3ᵉ ARMÉE

    5ᵉ corps.
    11ᵉ corps.
    1 corps bavarois   }   avec 2 brigades de cavalerie.
    2   dᵒ   }
Division wurtembergeoise et sa brigade de cavalerie.
Division badoise et sa brigade de cavalerie.
4ᵉ division de cavalerie.
Total : 5 corps d'armée.
     2 divisions indépendantes de cavalerie.
(Plus tard on adjoindra à l'armée la 2ᵉ division de cavalerie.)

Le 12 août, l'armée est sur la Saar, occupant entre Fenestrange et Sarrebourg un front stratégique de 15 kilomètres seulement. Le 12, la cavalerie était à hauteur de Marsal et Vic, c'est-à-dire à une journée de marche en avant de la Saar.

La rive gauche de ce cours d'eau reconnue et la présence de l'ennemi n'ayant été signalée nulle part, l'armée va reprendre son mouvement en se déployant sur un front plus étendu, plus favorable à la marche et à la subsistance des colonnes.

Le 13, la division de cavalerie occupe la ligne Vic, Lunéville, et laisse 4 escadrons pour masquer Marsal, jusqu'à ce qu'ils soient relevés par 3 bataillons et un régiment de chevau-légers du 2e corps bavarois.

La 1re ligne (V, XI) se porte sur la courbe Dieuze, Blamont, occupant un front de 30 kilomètres.

La 2e ligne (1er et 2e bavarois, 12e division wurtembergeoise) est à 10 kilomètres en arrière.

Le 14, la 4e division de cavalerie occupe Nancy, lançant ses éclaireurs sur toute la ligne de la Moselle, de Frouart à Bayon (10 kilomètres de front).

La 3e armée occupait le front moyen Vic, Lunéville (25 kilomètres de front).

La 12e division et le 1er corps bavarois en 2e ligne sur Dieuze, Maizières (15 kilomètres de front).

Le 15, la 4e division de cavalerie reste à Nancy, achevant la reconnaissance de la rive gauche de la Moselle. Les 5e et 9e corps s'établissent à Saint-Nicolas, Rosière, Bayon sur la Moselle (35 kilomètres), envoyant leurs avant-postes sur le Modon.

La 2e ligne occupe la courbe Moncel, Arracoux, Sommerviller, Einville (30 kilomètres de front).

Le quartier général est à Lunéville.

Le 16, on adjoint à la 3e armée la 2e division de cavalerie, qui, de Sarrebourg, vient couvrir à Montigny le flanc gauche de l'armée, au cas où le corps de Failly serait resté en Alsace.

La 4ᵉ division de cavalerie se porte jusqu'à la route de Toul à Colombey et envoie des patrouilles de demi-escadron pour la flanquer à une journée de marche en avant à droite et à gauche.

Ainsi, d'après cet exemple, les corps prussiens s'avancent par journées de 20 kilomètres sur un front stratégique de 30 kilomètres et sur 2 lignes en profondeur s'éclairant par une division de cavalerie à une bonne journée de marche en avant.

Dans la 2ᵉ armée (1) la proportion de cavalerie indépendante est encore plus grande que dans la 3ᵉ armée.

Dans la marche de la 2ᵉ armée, du 10 au 12 août, de la basse Saar sur la Nied et la Moselle, la conversion stratégique à droite faite par cette armée donne au front des colonnes un trop grand développement (60 kilomètres).

Les divisions de cavalerie, au lieu d'être réunies en un même commandement sous la main du général en chef, sont réparties entre les divers corps d'armée de la manière suivante :

La garde et le 12ᵉ corps avaient leurs divisions de cavalerie.

Le 9ᵉ corps avait la brigade hessoise.

Le 3ᵉ corps, la 6ᵉ division de cavalerie.

(1)   COMPOSITION DE LA 2ᵉ ARMÉE

    Corps de la garde.
    3ᵉ corps.
    4ᵉ corps.
    9ᵉ corps.
    10ᵉ corps.
    12ᵉ corps.
Division de cavalerie de la garde.
Division du 12ᵉ corps (corps saxon)
Brigade de cavalerie hessoise.
    5ᵉ division.
    6ᵉ division.

La 5ᵉ division de cavalerie fut répartie ainsi :

1 brigade au 4ᵉ corps.

2 brigades au 10ᵉ corps.

A part cette particularité nécessitée par l'étendue du front stratégique, nous retrouvons toujours les mêmes principes.

Les corps sont sur 2 lignes à une journée de marche (20 kilomètres), et la cavalerie couvre également la 1ʳᵉ ligne à une journée de marche, se reliant à droite aux avant-postes de la 1ʳᵉ armée qui sert de pivot à la conversion et à gauche aux éclaireurs de la 3ᵉ armée.

Le 12, la 1ʳᵉ et la 2ᵉ armée occupent la courbe Bettange, Boulay, Marange, Foulquemont, Morhange (45 à 50 kilomètres).

La cavalerie se trouve à droite à 15 kilomètres en avant de la Nied, à gauche à 30 kilomètres sur la Seille, lançant ses reconnaissances à 40 kilomètres sur la Moselle jusqu'aux portes de Metz et coupant la voie ferrée à Pont-à-Mousson.

Le 14, la 1ʳᵉ armée est sur la Nied, la 2ᵉ se porte sur la Moselle, et la cavalerie à cheval sur le fleuve explore les deux rives.

Tels sont les renseignements que la guerre de 1870-1871 fournit sur la question (relation du grand état-major prussien, traduite par le capitaine Costa de Serda).

III

ORGANISATION DU SERVICE DE SURETÉ STRATÉGIQUE

Pour ne pas nous laisser égarer dans l'abstraction, donnons-nous l'armée que nous voulons couvrir.

Supposons-la forte de quatre corps d'armée, ce qui répond à des conditions normales.

Prenons cette armée au milieu des opérations stratégiques, partant d'une base d'opérations principale ou secondaire et se portant sur un objectif.

Elle n'est pas encore arrivée au contact avec l'ennemi.

Celui-ci se trouve à un certain nombre de journées de marche et occupe peut-être l'objectif sur lequel on se dirige.

Cette armée marche sur deux, trois, quatre routes, utilisant tous les débouchés praticables de sa ligne d'opérations, mettant ses divisions chacune sur une route si elle le peut, pour avoir moins de profondeur et un front plus solide, mais laissant toujours à une journée ou demi-journée de marche en arrière un corps d'armée en deuxième ligne.

ÉTENDUE DU FRONT A ÉCLAIRER

Nous pouvons admettre que le déploiement des colonnes de cette armée présente un front stratégique ne dépassant pas 30 kilomètres.

En 1805, la grande armée, forte de 6 corps, s'avançait sur un front de 30 à 50 kilomètres, et dans les exemples de 1870 nous retrouvons à peu près le même développement de front.

D'ailleurs, s'il est avantageux de s'étendre pour marcher et pour vivre, il est une limite que l'on ne saurait dépasser, sans que les diverses colonnes trop éloignées les unes des autres ne courussent le danger de ne pouvoir se soutenir et de se faire écraser séparément.

On admet un développement d'une bonne journée de marche, en moyenne 30 kilomètres, pour le front stratégique d'une armée de 100,000 hommes environ, comme celle que nous voulons couvrir.

Comme notre cordon de sûreté doit déborder des deux côtés pour protéger complétement le front, nous pouvons porter son étendue à 40 kilomètres en moyenne.

Nous ne nous occuperons pas des flancs.

En effet, il peut arriver que l'armée soit appuyée à 2 armées voisines, ou soit isolée.

Si elle s'appuie à des colonnes voisines, ses éclaireurs se relieront aux éclaireurs voisins.

Si elle est isolée, il faudra pour couvrir ses flancs une cavalerie indépendante comme nous l'avons vu pour le flanc gauche de la 3ᵉ armée dans sa marche de la Saar à la Moselle.

Les principes que nous allons étudier pour le réseau de sûreté du front s'appliqueront au réseau des flancs.

Donc, nous avons une étendue de 40 kilomètres en moyenne à couvrir.

Déterminons le nombre d'éclaireurs nécessaire à cet objet.

Si nous jetons les yeux sur une feuille quelconque de la carte de France représentant un pays moyennement accidenté, nous verrons que les chemins vicinaux et autres, qui se croisent en tous sens et relient entre elles les diverses localités, couvrent la planimétrie d'un large réseau dont les mailles ont au plus en moyenne un kilomètre de côté.

Il est difficile d'admettre que les éclaireurs puissent marcher à travers champs; il en résulterait une grande fatigue pour le cheval, et le plus souvent on se trouverait arrêté par des obstacles infranchissables. Les éclaireurs ne peuvent suivre que les chemins ou sentiers. Si donc tous les chemins et sentiers d'une région sont battus par les éclaireurs, on peut dire que cette région est parfaitement reconnué.

Hors du chemin suivi, il peut se trouver un point intéressant à reconnaître; dans ce cas, les éclaireurs dirigent une pointe sur cet endroit et reprennent le chemin.

Ces considérations posées, déterminons la surface qu'un peloton peut reconnaître.

FRACTIONNEMENT DU CORDON D'ÉCLAIREURS

Prenons une bande de terrain de 3 ou 3 kilomètres et demi de largeur. D'après la remarque indiquée plus haut, il y aura sur cette étendue trois, quatre chemins au plus, se dirigeant perpendiculairement au front dans le sens de la longueur de la bande.

Or, un peloton suffit largement à explorer cette étendue.

L'officier marche avec la moitié de son peloton sur le chemin du milieu, par exemple, et détache une petite patrouille de quelques hommes sur les chemins voisins, chacune de ces patrouilles prenant les dispositions de détail ordinaires pour s'éclairer et fouiller le terrain.

Donc, on peut admettre qu'un peloton éclaire un front de 3 kilomètres à 3 kilomètres et demi.

Le service de ces pelotons est fort pénible, et chacun d'eux devra être relevé toutes les vingt-quatre heures. Il est alors rationnel de fractionner l'escadron de la manière suivante :

Deux pelotons en patrouille et deux pelotons formant le gros sous la main du commandant de l'escadron.

Un escadron éclairera donc deux fois 3 kilomètres ou 3 kilomètres et demi, c'est-à-dire 6 à 7 kilomètres.

Ces escadrons d'exploration, relevant chaque jour leurs deux pelotons de patrouille, pourront ainsi rester plusieurs jours en éclaireurs.

Il importe qu'ils y restent le plus longtemps possible, car il y a toujours intérêt à laisser sur un terrain des troupes qui le connaissent et à ne les relever que le plus rarement possible. On pourra les laisser deux, trois, quatre, cinq jours.

Ici il est difficile de dire quelque chose de bien précis, les facteurs qui entrent dans la fixation de la durée de ce service étant trop variables (configuration du terrain, état des chemins, température, fatigue et alimentation des chevaux, etc.).

Un régiment à 4 escadrons peut donc se fractionner ainsi :

3 escadrons en exploration et un en soutien sous la main du colonel. Cet escadron relèvera l'escadron d'exploration le plus fatigué ou bien ira renforcer le cordon d'éclaireurs à un moment donné. Il est toutefois utile d'avoir sous la main une réserve pour les cas imprévus. Le régiment avec ses 3 régiments d'exploration éclairera un front de trois fois 6 ou 7 kilomètres, c'est-à-dire 20 kilomètres en moyenne.

Derrière ce régiment suivra le régiment faisant brigade avec lui, destiné à le relever tous les deux, trois, quatre ou cinq jours, comme il a été dit, et formant une réserve sous la main du général commandant la cavalerie.

Une brigade couvre donc un front de 20 kilomètres, c'est-à-dire la moitié de l'étendue qu'il faut éclairer.

A côté de cette brigade il faut naturellement en placer une autre pour la deuxième moitié du front.

Ainsi, nous sommes amenés à déduire qu'il faut une division de cavalerie de 2 brigades au moins pour éclairer notre armée.

On pourrait placer une brigade en éclaireurs et une en réserve. Ce système ne nous semble pas valoir celui des brigades accolées. Le front de 40 kilomètres est trop considérable pour être embrassé par un même commandement.

Il est préférable de le diviser en deux parties. Chaque général de brigade est ainsi toujours employé, peut mieux renseigner le général de division et surveiller le relèvement des escadrons d'exploration. Chacun d'eux a, en outre, sous la main, une réserve particulière.

Une troisième disposition consisterait à placer les 4 régiments accolés, ayant chacun un escadron ou un escadron et demi en exploration.

Ce système présente l'inconvénient d'avoir des fractions d'unités en exploration, enlève à la ligne sa cohésion, et soumet les cadres des régiments, en leur imposant un service permanent, à une fatigue qu'ils ne sauraient longtemps supporter.

Le premier dispositif exposé paraît le meilleur.

Quoi qu'il en soit, ce système de deux lignes échelonnées, se relevant successivement, est indispensable pour la permanence du cordon d'éclaireurs et la rapidité du relèvement.

La division n'est pas ainsi envoyée en éclaireurs, elle y demeure.

Cette réserve de deux régiments sous la main du général de division est indispensable, et, à ce point de vue, le fractionnement de la division en trois brigades comme il existe en Prusse nous paraît avantageux. Nous avons dit, en effet, que la division de deux brigades était un minimum strict pour ce service de sûreté.

Une fraction de la réserve peut en être détachée pour pousser une pointe excentrique, pour remplir une mission particulière, ou encore pour masquer les petites places qui, de cette manière, n'entravent pas la marche des colonnes.

C'est ainsi que dans la marche de la 3e armée, nous avons vu

la 4ᵉ division de cavalerie détacher 4 escadrons pour masquer
Marsal jusqu'à l'arrivée d'une troupe particulière destinée à
l'investissement de la place.

DISTANCE DU GROS DU CORDON D'ÉCLAIREURS EN AVANT DE
L'ARMÉE

Déterminons à quelle distance de l'armée il convient de placer
le cordon de sûreté, ou plutôt la ligne du gros des deux régiments de réserve.

Nous pouvons d'abord fixer un minimum à cette distance en
nous appuyant sur le principe suivant :

Le cordon d'éclaireurs a un double but : protéger en arrière
aussi bien que voir en avant. Au cas où les éclaireurs tombe-
raient brusquement sur un ennemi en position et où celui-ci
attaquerait le rideau de cavalerie, ils se replieraient successivement sur le gros en défendant le terrain, et si la division réunie
était incapable d'arrêter l'effort de l'ennemi, elle battrait en retraite sur l'armée, dont elle dégagerait aussitôt le front.

Or, pour que cette protection soit effective, il faut que l'armée
prévenue, ou au moins les corps en première ligne, aient eu le
temps de choisir leur position de bataille et de se déployer.

Ce principe est invoqué par le colonel Lewal dans son étude
sur la marche d'un corps d'armée pour établir la distance de
l'avant-garde en avant du corps d'armée. Nous le trouvons encore exprimé par de Ternay dans son traité sur la grande tactique :

« La composition des corps de sûreté jetés en avant doit, du reste,
« toujours permettre d'opposer provisoirement une résistance suffi-
« sante. Leur principal objet est de protéger le déploiement des
« colonnes et de tenir l'ennemi en échec jusqu'à ce que l'ordre de
« bataille soit formé. »

En admettant les circonstances les plus défavorables et en supposant que la résistance opposée par notre cordon de cavalerie soit nulle, il faut que l'ennemi ne puisse arriver sur l'armée avant que celle-ci ne soit formée ; en un mot, il faut que l'ennemi ait à parcourir une distance au moins égale à celle que la dernière subdivision du corps d'armée doit franchir dans le déploiement.

Un corps d'armée sur une seule route présente une longueur de 18 kilomètres environ.

Donc, la dernière subdivision d'un corps d'armée aura de 18 à 20 kilomètres à parcourir pour se former en ligne.

En conséquence, la distance minima à laquelle doit se trouver le gros de la cavalerie est de 18 à 20 kilomètres.

Il serait bien difficile de préciser un maximum à la même valeur. Des conditions trop complexes entrent en jeu.

Le seul danger à éviter est celui de se faire enlever; mais ce danger est prévenu par l'échelonnement des lignes d'éclaireurs, dont la plus avancée est un mince rideau de groupes isolés de deux cavaliers, qui ne sont autre chose que les yeux de l'armée.

D'autre part, on conçoit que lorsque l'ennemi est éloigné, il y ait avantage à porter les éclaireurs aussi en avant que possible.

Les renseignements qu'ils fournissent sur le terrain, sur la situation de l'ennemi et ses projets, sont un facteur important dans les combinaisons du général en chef. D'après ces nouvelles, il peut modifier la ligne d'opérations, jeter un corps sur une ligne d'opération accidentelle, exécuter une conversion stratégique, etc., etc.

Il importe alors que derrière le rideau de sûreté il ait assez d'espace pour exécuter ces mouvements et opérer ces modifications.

Le plus souvent on pourra lancer la cavalerie à deux journées de marche en avant.

Une autre considération nous amène à adopter la distance de deux journées de marche.

Deux armées, en effet, peuvent marcher côte à côte, par exemple : les trois armées prussiennes, en 1870, dans leur marche de la Saar sur la Moselle. Il peut entrer dans les combinaisons du général en chef de faire concourir momentanément ces armées à une action commune, ce qui s'est présenté pour les 1re et 2e armées. Les centres de ces deux armées étant séparés par une distance de 30 kilomètres, il importe qu'elles soient couvertes au moins à deux journées de marche, pour qu'elles puissent opérer leur concentration.

Lorsqu'une armée possède le prestige des premières victoires et qu'elle en poursuit une autre, elle peut, et son audace l'y entraîne, lancer sa cavalerie à trois, quatre journées en avant. C'est à cette distance que les éclaireurs de cavalerie précédaient la 3e armée qui marchait sur Paris.

En tout cas, le terrain impose souvent ses obligations impérieuses. Tandis que les corps d'armée ne peuvent faire que des étapes de 20 kilomètres, la cavalerie plus mobile peut parcourir des distances beaucoup plus grandes. Si donc, un peu en avant de la courbe sur laquelle doit se porter le rideau d'éclaireurs, il existe une ligne importante du terrain, un cours d'eau, par exemple, il faudra porter l'exploration jusqu'à cette ligne.

DISTANCE DES ESCADRONS D'EXPLORATION EN AVANT DU GROS

Examinons maintenant à quelle distance il convient d'échelonner les diverses lignes en avant du gros.

Lorsque l'ennemi est éloigné, il n'y a pas de danger d'envoyer les escadrons d'exploration à une grande distance. Le seul inconvénient est celui-ci : Ces escadrons, devant être parfaitement reliés au gros, laissent derrière eux des postes de correspondance, et, si ces derniers sont trop nombreux, les escadrons seront trop affaiblis.

Ces postes de correspondance sont de trois hommes au plus. On les échelonne à 5 kilomètres d'intervalle, 5 kilomètres étant la distance maxima qu'un cavalier peut franchir d'un temps de trot allongé ou au galop.

Trois postes, c'est-à-dire dix hommes, y compris un sous-officier, suffiront sur une distance de 20 kilomètres. On ne peut guère employer plus de dix hommes à ce service par escadron. D'un autre côté, si la distance était trop grande, le relèvement des escadrons par le gros deviendrait trop difficile.

20 kilomètres sera donc une distance que l'on pourra considérer comme maxima.

L'escadron de soutien se tiendra à mi-chemin avec le colonel.

DISTANCE DES PATROUILLES EN AVANT DES ESCADRONS D'EXPLORATION

On ne peut pas étendre ce système de postes de correspondance à la liaison des patrouilles avec les escadrons d'exploration, à moins de trop affaiblir les patrouilles. Celles-ci ont déjà à se relier avec les éclaireurs des escadrons voisins pour que le cordon soit continu.

Il importe qu'elles se relient intimement, sans auxiliaire, avec le gros des escadrons. On les enverra donc à une distance de 5 à 6 kilomètres au plus, afin qu'un cavalier détaché d'une patrouille puisse en un temps de trot ou au galop venir trouver le commandant de l'escadron.

Nous avons admis, dans cette hypothèse, que l'ennemi était éloigné.

Quand on sera arrivé au contact avec lui, il faudra resserrer ses distances, supprimer même les postes de correspondance. Les escadrons se tiendront à 10 kilomètres au plus en avant du gros. De cette façon, l'escadron de soutien, marchant à mi-chemin, servira lui-même de poste de correspondance. Les patrouilles s'avanceront plus lentement, s'écartant moins du gros des escadrons. Le réseau perdant de sa profondeur gagnera ainsi en solidité sur son front pour que rien ne passe au travers de ses mailles.

Pour compléter l'organisation des corps d'éclaireurs, nous devons ajouter que la division de cavalerie aura toujours ses batteries à cheval. Chacune de ses deux batteries pourra marcher derrière le premier escadron d'un régiment du gros.

MODE DE SUBSISTANCE DU CORPS DE CAVALERIE DE SÛRETÉ

A la guerre, il est de principe d'utiliser autant que possible les ressources des pays que l'on parcourt pour la subsistance des armées, au lieu d'aller au loin chercher des approvisionnements que l'on amène péniblement à la suite des colonnes. Ce principe, que l'on traduit par cette formule : « *Vivre sur le pays* », doit tout particulièrement s'appliquer à notre corps de cavalerie. Il ne peut, sans perdre de sa mobilité, traîner à sa suite ses lourds approvisionnements, et la grande distance qui sépare les divers échelons rendrait les distributions bien difficiles. Il faut donc qu'il vive sur place et procède par voie de réquisition à la subsistance de ses hommes et de ses chevaux.

Le moyen le plus simple qui évite le gaspillage des denrées et laisse les troupes tout entières au repos ou à leur service de sûreté est celui-ci : Le chef de la troupe qui occupe une localité fait comparaître le maire et lui donne l'ordre de faire apporter pour telle heure un repas pour tant d'hommes et tant de rations de fourrages. (Ce moyen est fort préconisé en Autriche.)

Il peut arriver cependant qu'on se trouve dans un pays déjà dévasté par les réquisitions de l'ennemi. Dans ce cas, il est indispensable d'avoir avec soi ses propres ressources. Comme cette éventualité peut se présenter brusquement, on conçoit la nécessité d'une réserve qu'on ait sous la main.

En Autriche on adopte le moyen suivant :

Chaque régiment a ses approvisionnements en trois réserves successives :

1° L'homme porte deux jours de vivres (sans la viande) et deux jours de fourrages.

Une ration de viande abattue est portée par une voiture réquisitionnée.

Une ration de viande sur pied suit le régiment.

2° La colonne d'approvisionnements du régiment, forte de 13 voitures, porte deux jours de vivres (sans viande) et deux jours de fourrages.

A la suite de cette colonne d'approvisionnements marche le troupeau représentant deux jours de viande.

3° Enfin, au convoi de vivres du corps d'armée, le régiment a quatre jours de vivres et de fourrages, et un troupeau représentant quatre jours de viande.

On pourrait prendre des dispositions analogues. Si l'on trouve que c'est charger beaucoup la cavalerie que lui faire porter deux jours de vivres et de fourrages, à elle dont la première condition doit être la légèreté, on pourrait peut-être faire suivre les escadrons de une ou deux voitures réquisitionnées portant ces deux jours de vivres et de fourrages ainsi que le jour de viande abattue.

En tout cas, l'adoption d'une petite colonne d'approvisionnements régimentaire nous paraît indispensable ; celle-ci remplacerait le convoi divisionnaire ou plutôt ne serait autre chose que ce convoi réparti entre les divers régiments. Le grand fractionnement de la division sur un front de 40 kilomètres semble imposer cette obligation.

Dans la marche les voitures réquisitionnées portant un jour de viande seraient avec l'escadron de soutien, et les colonnes régimentaires des régiments en exploration seraient en tête des régiments en réserve.

RÔLE DU SERVICE DE SÛRETÉ

Maintenant que nous avons déterminé la force de notre corps de sûreté, son fractionnement, les distances qui doivent séparer ses divers échelons, et que nous avons assuré ses moyens de subsistance, nous allons étudier son fonctionnement.

Son rôle est double : défensif et offensif, si nous pouvons nous exprimer ainsi.

1° Il est défensif parce qu'il doit couvrir l'armée et former autour d'elle un rideau à travers lequel rien ne doit pénétrer.

2° Offensif parce qu'il doit tout voir, tout reconnaître et recueillir tous les renseignements possibles :

1° Sur l'ennemi ;

2° Sur le terrain ;

3° Sur les ressources de la zone explorée.

Examinons les divers moyens à employer pour remplir cette mission.

1° *Sur l'ennemi.* — Chaque escadron doit avoir un guide du pays et doit compléter le système des reconnaissances au moyen d'un service d'espions. A cet effet, des fonds seront remis à chaque commandant d'escadron par le général commandant la division. (Service en campagne autrichie·

2° *Sur le terrain.* — Il faut reconnaître tous les obstacles favorables à la marche et à l'attaque et tous ceux défavorables qui arrêteraient le mouvement des colonnes.

Un pont est-il rompu? il importe qu'il soit rétabli immédiatement; ou, s'il y a impossibilité de le rétablir, qu'un autre soit aussitôt jeté, sans que la marche des colonnes en soit retardée.

Une ligne de chemin de fer peut-elle servir à l'ennemi? il faut la détruire, couper le télégraphe. Peut-elle servir à la marche des colonnes ou aux mouvements de la ligne d'opérations? il faut la rétablir tout de suite. Il est donc nécessaire que les équipages de pont marchent au moins à hauteur des têtes de colonne des corps d'armée, et pour ne pas entraver la marche de ces corps on leur donnera, si c'est possible, un débouché spécial. Quant au rétablissement des ponts, des lignes ferrées et télégraphiques, nous n'avons pas à nous en occuper ici, ce service rentrant spécialement dans les attributions du personnel à organiser, comme il est dans les armées étrangères, chargé de la construction, réparation et destruction des lignes ferrées et télégraphiques.

Il est indispensable que chaque officier soit muni de la carte du pays.

Il sera précieux d'avoir également des jumelles de campagne qu'on pourrait porter dans la giberne de service appropriée à cet usage.

Est-il nécessaire de dire que ce service d'exploration doit être complété par les reconnaissances spéciales et de rappeler que la place des officiers d'éclaireurs doit être souvent en avant de leur troupe, en avant même du cordon de tête, et non pas toujours en arrière avec le gros de leur commandement particulier?

Pour voir, en effet, il est inutile et même dangereux d'employer beaucoup de monde; quelques yeux suffisent, mais il importe qu'ils sachent voir. Souvent donc on devra confier à des officiers le soin de reconnaissances particulières.

La guerre de 1870-71 offre de nombreux exemples de reconnaissances audacieuses, parmi lesquelles on peut citer la suivante :

« Le comte Zeppelin, capitaine d'état-major wutembergeois, avec
« 4 officiers de dragons badois et 4 dragons bien montés, passa, le
« 26 juillet, la frontière à Lauterbourg, réussit à explorer le terrain
« sur une étendue de 48 kilomètres et parvint jusqu'à Wœrth; au
« retour, il s'arrêta pour se reposer dans une auberge, où il fut dé-
« couvert et attaqué par une patrouille de cavaliers ennemis; un
« officier fut tué et le reste fait prisonnier. Le comte Zeppelin réussit
« à s'échapper et à fournir au commandant en chef de la 3ᵉ armée
« la très-importante nouvelle qu'entre Lauterbourg et Wœrth il
« n'avait pas remarqué de troupes françaises. »

3° *Sur les ressources.* — Les renseignements statistiques ont une importance très-sérieuse.

Puisqu'il est avantageux de vivre sur le pays, il est indispensable d'en connaître les ressources. Ce serait aux éclaireurs qu'appartiendrait le soin de recueillir les renseignements, qui permettraient d'en connaître l'importance. D'après les rapports des escadrons d'exploration, le général commandant la division aurait chaque soir la courbe du terrain occupé par les éclaireurs, délimitant ainsi la zone explorée, et connaîtrait localité par localité les ressources de cette zone.

Ces documents précieux permettraient à l'intendance de juger si le pays peut suffire à la subsistance de l'armée en totalité ou en partie, et de prendre ses mesures pour passer ses marchés sur place ou faire prescrire ses réquisitions et régler le mouvement de ses approvisionnements de réserve.

Telles sont les branches générales du service important que l'on doit demander aux éclaireurs de cavalerie.

INSTRUCTION GÉNÉRALE POUR L'EXÉCUTION DU SERVICE DE SURETÉ

Pour bien accomplir sa mission, le général commandant la cavalerie chargée du service de sûreté doit être initié au secret des opérations présentes, d'où ressort immédiatement la nécessité qu'il soit sous les ordres directs du commandant en chef. Il confiera à chaque unité sous ses ordres juste ce qu'elle doit savoir de ces opérations pour bien remplir son rôle.

Le général en chef fait connaître au général commandant la cavalerie l'objectif à atteindre, les débouchés que suivent les diverses colonnes, les lignes successives que ces têtes de colonnes doivent atteindre chaque jour, les positions des armées voisines ou des flanqueurs de cavalerie pour qu'il puisse se relier avec eux.

Il indique les courbes d'exploration que les éclaireurs doivent occuper chaque jour, donne les fonds secrets nécessaires, prescrit la fréquence des rapports, délivre des imprimés de tableau statistique pour l'indication des ressources des zones explorées chaque jour, et fixe les points successifs où les rapports devront lui être adressés; il donne enfin l'heure sur laquelle les montres doivent se régler.

Le général de division réunit les brigadiers et les colonels et donne ses instructions et ses ordres d'après ceux qu'il a reçus. Il peut se contenter de leur prescrire pour le jour suivant la courbe à atteindre et partage entre les colonels une partie de ses fonds secrets.

Il indique aussi la ligne sur laquelle s'arrêtera le gros.

Il leur prescrit des instructions analogues au sujet des rapports qu'il doit recevoir et divise entre eux la zone à explorer, en prenant comme ligne de démarcation une ligne remarquable du terrain, sur laquelle on devra se relier.

Il fait marcher chaque régiment du gros sur une seule route ou sur plusieurs directions à la fois.

Chaque colonel réunit à son tour ses commandants d'escadron, fixe à chacun le point qu'il doit explorer et les lignes sur lesquelles leurs patrouilles doivent se relier.

Ceux des ailes reçoivent communication des positions des éclaireurs voisins appartenant à une autre armée pour qu'ils puissent se relier avec eux.

Le colonel prescrit la courbe d'exploration que le gros des escadrons doit occuper chaque soir et indique jusqu'à quelle ligne ces escadrons doivent lancer leurs reconnaissances; il fait savoir où il doit marcher.

Loin de l'ennemi, les commandants d'escadron se contentent d'envoyer un rapport par jour après l'arrivée à l'étape; une fois en contact avec l'ennemi, les rapports doivent être plus fréquents et avoir lieu au moins toutes les deux heures.

En deux heures, en effet, les patrouilles parcourent en moyenne 8 à 10 kilomètres; or, tous les 8 ou 10 kilomètres elles rencontrent au moins une nouvelle localité, et il importe au commandant de l'escadron de savoir ce qui s'y passe.

C'est ainsi que les instructions doivent aller du général commandant en chef jusqu'aux groupes isolés de deux cavaliers que les patrouilles lancent en avant, de manière à ce que chacun sache ce qu'il a à faire pour remplir parfaitement son devoir.

Nous ne nous étendrons pas sur les dispositions de détail, sur les ruses que les patrouilles doivent employer pour reconnaître les localités, explorer le pays, avoir des nouvelles de l'ennemi, le traquer, le surprendre, lui dresser des embuscades.

Cette instruction sortirait de notre cadre; nous nous contenterons de dire qu'il suffit pour ces opérations de s'inspirer du chapitre de de Brack : « *des Avant-gardes.* »

FONCTIONNEMENT DU RÉSEAU D'ÉCLAIREURS

Notre réseau d'éclaireurs ainsi instruit de sa mission, supposons-le sur une ligne d'opérations en avant de l'armée.

Postes de correspondance. — Des postes de correspondance, composés de trois hommes au plus, sont échelonnés entre les escadrons d'exploration et le gros tous les 5 kilomètres. Au premier jour de marche, lorsque le réseau se porte en avant de l'armée, un officier est chargé de placer ces postes et de leur donner leur consigne.

Ils sont établis autant que possible à un endroit bien déterminé ; par exemple, à des nœuds de communication, à l'entrée ou à la sortie des localités. Chaque poste connaît les emplacements des postes voisins.

L'enveloppe des dépêches porte l'allure du cavalier, et chaque estafette y inscrit ou y fait inscrire l'heure de son arrivée au poste suivant.

Les Autrichiens ont introduit un mode ingénieux dans l'exécution du service de correspondance.

Lorsqu'ils trouvent des voitures de réquisition, ils se servent des cavaliers démontés de préférence pour composer les postes de correspondance.

Le cavalier porte les dépêches en voiture.

Un sous-officier est au poste de queue pour exécuter le repliement successif au fur et à mesure de la marche de l'armée.

Le gros se relie aux têtes de colonnes de l'armée, autant que possible, par des postes télégraphiques existants déjà ou improvisés. A défaut de ce moyen, il se sert des postes de correspondance établis de la même manière, échelonnés à des distances un peu plus grandes : 8 à 10 kilomètres.

On utilisera les voitures réquisitionnées.

Ces divers postes seront permanents nuit et jour; ils seront d'ailleurs successivement et naturellement relevés par l'approche de l'armée.

Marche. — Tous ces divers échelons, sauf les postes de correspondance qui sont immobiles, se mettent en mouvement en même temps, d'aussi bonne heure que la saison le permet.

Un corps d'armée sur une seule route ne peut pas faire plus de 20 kilomètres en une journée.

Les étapes de la cavalerie sont donc de 20 à 25 kilomètres.

Donc, à midi, le plus souvent, chaque échelon est arrivé à l'étape fixée et peut s'occuper du soin de la nourriture des hommes et des chevaux.

Les officiers d'avant-postes, en passant dans les localités, avertissent les municipalités du nombre d'hommes et de chevaux qu'elles auront à nourrir. La nécessité de vivre obligera quelquefois le gros à se disperser ; les diverses fractions se réuniront le lendemain, s'il y a lieu, tout en marchant en avant.

La journée n'est pas finie pour les escadrons d'exploration ; ils ont le plus souvent à lancer leurs patrouilles à la découverte plus au loin pour éviter ainsi les surprises de nuit.

Leurs reconnaissances terminées, ces patrouilles prennent leurs positions de nuit et les escadrons s'installent en avant-postes de marche.

Avant-postes de marche. — Le gros forme la grand'garde. Si l'ennemi est près, les deux pelotons détachés s'établissent à 1,000 ou 1,500 mètres en avant du gros, et détachent quelques petits postes de six à huit hommes à 500 ou 600 mètres en avant. (Service italien.)

Le lendemain les deux pelotons du gros prennent le service d'exploration et ceux de la veille forment le gros pour la journée. Aux petits postes les hommes restent prêts à monter à cheval.

Au gros, c'est-à-dire à la grand'garde, les chevaux restent sellés et bridés, légèrement dessanglés.

La soupe est portée de la grand'garde aux petits postes. C'est dans de pareilles circonstances, aux avant-postes ou sur le champ de bataille, que le système de nourriture des Prussiens est particulièrement avantageux. Chez eux on prépare le jour la nourriture du lendemain ; chaque homme porte sur lui sa part et n'est jamais ainsi pris au dépourvu.

Aux avant-postes, le gros seul fait la cuisine du lendemain pour toute la grand'garde.

Il serait même utile d'employer les habitants à ce soin particulier. C'est ce que prescrit le service autrichien.

Les petits postes et les grand'gardes bivouaquent, ou, s'ils occupent des localités, ils s'y installent défensivement.

Les autres fractions du réseau sont cantonnées ou bivouaquent à l'entrée des localités, du côté opposé à l'ennemi.

Rencontre de l'ennemi. — Il nous reste à examiner le rôle de notre corps de cavalerie, lorsqu'il rencontrera l'ennemi en position et que les opérations passeront ainsi du domaine de la stratégie à celui de la tactique.

Deux cas peuvent se présenter.

1° L'ennemi reste sur la défensive.

Dans ce cas, le corps de la cavalerie s'installe derrière une ligne de défense naturelle et se déploie en un long rideau abritant le déploiement de l'armée. A ce moment encore la cavalerie a le devoir de percer le rideau qui abrite les positions ennemies pour les reconnaître et en apprécier l'importance.

Une partie de la cavalerie doit donc être employée à faire une pointe rapide sur la cavalerie ennemie, pour démasquer le front de l'adversaire.

Lorsque le déploiement sera effectué et que la cavalerie aura exécuté son attaque, le rideau se lèvera, et c'est à la cavalerie divisionnaire qu'appartiendra « le soin » de concourir au service d'avant-postes et d'avant-garde, au cas où cette position d'expectative se prolongerait.

La division de cavalerie passera alors en réserve derrière les ailes, sera jetée sur un flanc pour le couvrir, ou se placera dans les intervalles des corps d'armée pour les relier s'il est nécessaire.

Ici, on ne peut rien dire de précis; l'événement se présente dans des conditions si variables, qu'il est impossible d'en calculer toutes les éventualités, et il appartiendra à l'inspiration du moment de disposer de cette cavalerie.

2° L'ennemi prend l'offensive.

Dans ce cas, si c'est possible, le gros se porte en avant pour renforcer la ligne d'avant-postes. Si l'ennemi ne lui en laisse pas le temps, les premières lignes se replient sur le gros. Il importe de défendre le terrain le plus longtemps possible. Pour cela on fait choix d'une ligne de défense naturelle et l'on défend les localités.

L'arme que la cavalerie a entre les mains lui permet de combattre à pied momentanément avec succès et de tirer avantage des accidents du terrain. Ce n'est d'ailleurs que dans de pareilles circonstances qu'une arme de précision comme celle de notre cavalerie peut être utile.

Les batteries à cheval de la division se portent le plus rapidement possible en position pour arrêter l'effort de l'ennemi et couvrir le déploiement de notre cavalerie.

Si on ne peut plus résister à l'ennemi, on se replie sur les têtes de colonne que l'on démasque.

Là encore le général commandant en chef disposera à son gré de la cavalerie.

Au cas d'une défaite. — Les batteries à cheval et la cavalerie devront protéger les premiers moments de la retraite tactique.

Dans la marche rétrograde stratégique, c'est surtout à l'infanterie aidée par les autres armes qu'appartiendra le soin de couvrir l'armée.

Au cas d'une victoire. — Si la victoire décide simplement de la possession d'un objectif secondaire, l'armée, après avoir organisé sa nouvelle base d'opérations secondaire, reprend sa marche et la cavalerie son service de sûreté en avant des colonnes.

Si, au contraire, la victoire doit décider de la campagne, la poursuite appartient à la cavalerie de réserve, dont on lancera une partie sur les traces des corps en retraite ou en déroute.

On peut citer ici la magnifique poursuite stratégique de 1806, alors que l'armée prussienne fuyait sur trois directions, après les désastres d'Iéna et d'Auerstœdt; que Murat parcourait 90 lieues en douze jours, chassant devant lui les débris du prince de Hohenlohe, et que la ville de Stettin faisait sa soumission à un trompette du général Lassalle.

Blida, le 15 avril 1874.

TABLE DES MATIERES

Évreux, A. HÉRISSEY, imp. — 1071.

www.ingramcontent.com/pod-product-compliance
Lightning Source LLC
Chambersburg PA
CBHW060806280326
41934CB00010B/2582